BEI GRIN MACHT SICH IHR WISSEN BEZAHLT

- Wir veröffentlichen Ihre Hausarbeit,
  Bachelor- und Masterarbeit

- Ihr eigenes eBook und Buch -
  weltweit in allen wichtigen Shops

- Verdienen Sie an jedem Verkauf

Jetzt bei www.GRIN.com hochladen
und kostenlos publizieren

Bibliografische Information der Deutschen Nationalbibliothek:

Die Deutsche Bibliothek verzeichnet diese Publikation in der Deutschen National-
bibliografie; detaillierte bibliografische Daten sind im Internet über http://dnb.d-
nb.de/ abrufbar.

Dieses Werk sowie alle darin enthaltenen einzelnen Beiträge und Abbildungen
sind urheberrechtlich geschützt. Jede Verwertung, die nicht ausdrücklich vom
Urheberrechtsschutz zugelassen ist, bedarf der vorherigen Zustimmung des Verla-
ges. Das gilt insbesondere für Vervielfältigungen, Bearbeitungen, Übersetzungen,
Mikroverfilmungen, Auswertungen durch Datenbanken und für die Einspeicherung
und Verarbeitung in elektronische Systeme. Alle Rechte, auch die des auszugsweisen
Nachdrucks, der fotomechanischen Wiedergabe (einschließlich Mikrokopie) sowie
der Auswertung durch Datenbanken oder ähnliche Einrichtungen, vorbehalten.

Impressum:

Copyright © 2009 GRIN Verlag, Open Publishing GmbH
Druck und Bindung: Books on Demand GmbH, Norderstedt Germany
ISBN: 9783640497768

Dieses Buch bei GRIN:

http://www.grin.com/de/e-book/142020/banlieues-die-vorstaedte-von-paris

Anonym

Banlieues - Die Vorstädte von Paris

GRIN Verlag

GRIN - Your knowledge has value

Der GRIN Verlag publiziert seit 1998 wissenschaftliche Arbeiten von Studenten, Hochschullehrern und anderen Akademikern als eBook und gedrucktes Buch. Die Verlagswebsite www.grin.com ist die ideale Plattform zur Veröffentlichung von Hausarbeiten, Abschlussarbeiten, wissenschaftlichen Aufsätzen, Dissertationen und Fachbüchern.

Besuchen Sie uns im Internet:

http://www.grin.com/

http://www.facebook.com/grincom

http://www.twitter.com/grin_com

Julius-Maximilians-Universität Würzburg, Institut für Geographie

Fakultät für Humangeographie

Wintersemester 2009/10

Oberseminar: Soziale Geographien von Städten

Humangeographie
Banlieues – Die Vorstädte von Paris

Inhaltsverzeichnis

1 Einleitung

Bekannt sind die Pariser Banlieues den meisten Lesern wohl weniger durch ihre städtebaulichen und historisch-strukturellen Entwicklungen sondern eher aus den von Medien- und Pressewelt stammenden Schlagzeilen über Aufstände und Unruhen in den Banlieues. Auch ist vielen das Aufsehen um die Rede des damaligen Innenminister und heutigen Staatspräsident Nicolas Sarkozy aus dem Jahre 2005 in Erinnerung. Als dieser aufgrund der Krawallen und Unruhen über die Banlieue La Courneuve meinte, sie müsse man „[...] mit dem Kärcher reinigen."[1].

Ziel der Arbeit ist es, Merkmale und Kennzeichen einer Banlieue hervorzuheben, insbesondere in Verbindung zu marginalisierenden Prozessen. Im Laufe der Arbeit wird auf die Genese der Banlieues eingegangen. Die Begriffskonnotation sowie ihre Entstehung werden erläutert. Es wird versucht, aktuelle Kennzeichen der Banlieue darzustellen, mit kurzem Ausblick auf Kriminalität und Kollektivierung sowie einer Gegenüberstellung mit dem amerikanischen Getto. Im anschließenden Kapitel werden Marginalisierungsprozesse näher erläutert und zur Erklärung der Lebenssituation in der Banlieue herangezogen. Das vierte Kapitel geht näher auf einer der Problemzonen, die Banlieue La Courneuve, ein, da sie oft als Sinnbild der Misere französischer Großstädte gilt.

2 Banlieue – was ist das?

2.1 Begriffsbedeutung

Der Begriff Banlieue [bãˈljø] entstand im Mittelalter und bezeichnete sowie begrenzte das umliegende Areal eines Ortes. Dieses Gebiet unterlag de facto und später auch de jure (19. Jahrhundert) der Stadt, welche auf das Areal in allen Angelegenheiten ihren Einfluss ausüben konnte. Die Banlieue erstreckte sich eine bis mehreren Meilen um eine Stadt. Innerhalb dieser Bannmeile war es Fremden nicht erlaubt, ohne Genehmigung Handel bzw. Gewerbe zu betreiben.[2/3]

Der räumliche Begriff Banlieue hat sich erst später heraus gebildet, als die Industrieanlagen des 19. Jahrhunderts anfingen, sich aufgrund der attraktiven Grundstückspreise in Vororten

---

1 Karin Finkenzeller. Gewalt in den Pariser Vorstädten. In: Rheinische Post. Düsseldorf. 09.06.09.

2 Brockhaus Enzyklopädie in 20 Bänden (1967): Band 2. Wiesbaden. S.290.
3 Daus, Ronald (2002): Banlieue. Freiräume in europäischen und außereuropäischen Großstädten. Europa: Paris, Berlin, Barcelona. Berlin. S.20.

von Paris und anderen Großstädten zu konzentrieren. Die Banlieue „[…] est synonyme de zone urbaine ou périurbaine.“[4], schrieb George, Pierre 1950.

Heute hat der Begriff Banlieue eine eher unerfreuliche Konnotation eingenommen. Bis zur Schwelle der 1990er blieb die vom Soziologen Stanley Cohen so genannte „moralische Panik“[5] in Frankreich noch aus. Jedoch innerhalb weniger Jahre wurden die Banlieues, die nun wegen verschiedener Vorfälle immer öfter Thema von Medien und Politikern waren, zu einem „Volksteufel“ stigmatisiert. Früh fing man damit an, von einer Amerikanisierung der Banlieues, von einer Gettoisierung, zu sprechen: „Lang lebe das Getto“ titelte 1990 die Wochenzeitung Politis, der Architekt und Mitbegründer der Mission Banlieue 89[6], Roland Castro, schätzte 1990 in einem Interview „600 Ghettos“ in ganz Frankreich. Der Soziologe Alain Touraine sprach 1990 gar vom „Amerikanischen Syndrom“, das sich auf europäische Städte ausbreite.[7]

Aufgrund der ersten, seit dem Beginn der achtziger Jahre auftretenden und seitdem unregelmäßig wieder kehrenden Unruhen und Ausschreitungen von Jugendlichen ist der Begriff bis heute negativ behaftet:

> „In den letzten Jahrzehnten hat sich der ursprüngliche eher wertneutral benutzte Begriff in einen fast ausschließlich mit negativen Inhalten besetzten Terminus verwandelt. Es ist ein kollektives Bild entstanden […]. Dieses Patchworkbild der Banlieue wird dann zum Beispiel mit den Hochhaussiedlungen und ihren Bewohnern, mit Kleinkriminalität, Armut, sich langweilenden und herumlungernden Jugendlichen mit Migrationshintergrund, mit Straßenkämpfen mit der Polizei und Tournantes (Kollektivvergewaltigungen) assoziiert.“[8]

---

4   George, Pierre (1950): Études sur la Banlieue Paris. Paris. S. 13.

5   moral panic is a 'condition, episode, person, or group of persons emerges to become defined as a threat to societal values and interests' Cohen, Stanley (1973): Folk Devils and Moral Panics. St Albans. S.9.

6   „Grundidee von l>Banlieue 89< war es, urbane Reizpunkte zu schaffen, die Banlieue mit attraktiven Elementen zu bereichern": Liehr, Günter (2007): Frankreich. Eine Nachbarschaftskunde. Ch. Links Verlag. S.102 f.

7   Wacquant, Loic (2008): Urban Outcasts. A Comparative Sociology of Advanced Marginality. Cambridge. S.137ff.

8   Ottersbach, Markus (2009): Die Jugendunruhen in den Banlieues als Herausforderung für die französische Integrationspolitik. In: Lokale Integrationspolitik in der Einwanderungsgesellschaft. Migration und Integration als Herausforderung von Kommunen. Wiesbaden. S. 637.

2.2 Historische Entwicklung der Banlieue

Das von einer Stadtmauer umgebene mittelalterliche Paris bestehend aus der Ile de la Cité, der Seine-Insel, und den zwei halb-kreisförmigen Ansiedlungen am nördlichen Ufer, rive droite, und südlichen Ufer, rive gauche, nahm um 1580 ungefähr eine Fläche von 439 Hektar ein.[9] Vor der Stadt lag Ödland, die damalige Banlieue. Die Besiedlung der zu diesem Zeitpunkt noch außerhalb der Stadtmauern gelegenen Banlieue nahm in den folgenden Jahren stetig zu, so dass 1670 unter Befehl Louis XIV die Stadtmauer abgerissen und somit eine offene Stadt angestrebt wurde. 1672 wurden die Besiedlungen in 20 quartiers (Vierecke) eingeteilt. 1784 nahm Paris bereits eine Fläche von 3280 Hektar ein, die quartiers waren mittlerweile so dicht besiedelt, dass sich an ihnen weitere Vororte ansiedelten, die so genannten faubourgs. Paris` Altstadt und die an ihr gewachsenen Umkreise wurden 1790 in 20 Arrondissements unterteilt. 1850 bezeichnete man inzwischen das um die Stadt herum erschlossene Hinterland als Banlieue.[10]

Die niedrigen Immobilienpreise und die im Jahre 1837 im Betrieb genommene „[...]erste Versuchsbahn in der Region von Paris [...]"[11] förderten auch diese Hinterlanderschließung, so dass sich - 1856 hinter den faubourgs bereits Mittelstädte wie Batignolle (44.000 Einw.) oder La Chapelle (33.000 Einw.) herausbildeten. Da Paris 1841 von der Enceinte, einer Umwallung, umgeben war, veranlasste 1860 Kaiser Napoléon III, das von einem massiven Festungsring umgebene Land einzugemeinden[12] : Paris´ Fläche wuchs auf 7088 Hektar, die Bevölkerung stieg von 1,2 Millionen auf 1,6 Millionen und das erschlossene Gebiet wurde wiederum in 20 spiralförmig angeordnete Arrondissements, die jeweils in 4 quartiers unterteilt sind, gegliedert. Die alte Banlieue war nun Paris` Stadtrand und die „neue" Banlieue begann hinter dem Festungsgürtel. Diese Anordnung wurde bis zur Gegenwart beibehalten. Heute ist die Primatstadt Paris durch den Boulevard périphérique, die ringförmig um Paris gebaute Stadtautobahn, von den Vororten abgegrenzt.

Die Vororte waren Anfang des 20. Jahrhunderts durch die Industrie geprägt. Sie erfuhren in dieser Zeit Bevölkerungszuwächse, die zu einer hohen Verdichtung führten, so dass Mitte des 20 Jahrhundert ein staatliches Bauprogramm mit Großwohnsiedlungen, grands ensembles, entwickelt wurde.

9   Daus, Ronald (2002): Banlieue. Freiräume in europäischen und außereuropäischen Großstädten. Europa: Paris, Berlin, Barcelona. Berlin. S.17 ff.
10   Daus, Ronald (2002): Banlieue. Freiräume in europäischen und aussereuropäischen Grossstädten. Europa: Paris, Berlin, Barcelona. Berlin. S.23f.
11   Ebd. S.25ff.
12   Ebd. S.30f.

2.3 Banlieue heute

Banlieues sind Vororte in den Großstädten, die durch die Administration auch ZUS (zone urbaine sensible) genannt werden. Von ihnen gibt es in Frankreich 751 mit ungefähr 4.5 Millionen Einwohnern, also 7.6 % Prozent der französischen Bevölkerung. Kennzeichen der Banlieues sind Großwohnsiedlungen mit mehreren tausend Wohneinheiten, die sogenannten Cités, die sich teilweise in derangierten und veralteten Zustand befinden. Sie wurden in den Nachkriegsjahren zur Zeit des wirtschaftlichen Aufschwungs, der Trente glorieuses (1945-75), gebaut. Zwischen 1950 und 1970 wurden in ganz Frankreich, besonders im Pariser Raum, rund 2 Millionen Wohneinheiten vom Staat zur Verfügung gestellt. Ziel der Bauunternehmungen war es, die Nachfrage nach Wohnungen, welche bedingt durch die verstärkte Landflucht, Heimkehrer aus dem Algerienkrieg und Aufnahme von Immigranten entstanden war, abzudecken. Die ersten Gebäude waren räumlich noch nach der Charta von Athen ausgelegt, wo für die Stadtplaner noch eine Trennung der Funktionen wünschenswert war. Daher herrscht dort generell ein Ungleichgewicht zwischen den Funktionen Wohnen und Arbeit vor. Die Jugendarbeitslosigkeit liegt bei 40 % bis 60 %, die Arbeitslosenquote liegt bei rund 25 %. Die Distrikte sind zudem von starken Abwanderungstendenzen betroffen.[13] [14]

Die räumliche Einordnung der Banlieue lässt sich am ehesten aus der Administration der Metropolregion Paris herleiten, die sich aus Kernstadt, innerem und äußerem Wachstumsring zusammen setzt. Das Pariser Département liegt innerhalb des Boulevard périphérique. Außerhalb der Stadtautobahn grenzt der innere, hoch verdichtete Wachstumsring mit drei Départements an: Hauts-de Seine, Seine-Saint-Denis und Val-de-Marne, die sogenannte Petite Couronne. Jenseits dieser Départements im Grand Couronne, dem äußeren Wachstumsring, befinden sich vier weitere Départements: Seine-et-Marne, Yvelines, Essone, Val d'Oise. Alle Verwaltungen zusammen bilden die Region Île-de-France.[15]

Die Banlieues befinden sich in dem hoch verdichteten Wachstumsring und waren historischen Segregationsmustern ausgesetzt gewesen, so dass sich räumliche Polarisierungen ergeben haben. Die statushöheren Gebiete, dies zeigen Unterschiede in den Haushaltseinkommen, befinden sich im Westen und Südwesten der Metropolregion und sind die bürgerlichen

---

13   Avenel, C.: Sociologie des „quartiers sensibles". Paris. 2007.

[14]   Guiter-Hohl, Franziska (2008): Les quartiers sensibles: Probleme französischer Banlieues. In: Praxis Geographie Band 38, Heft 12, S. 24-28.

15   Coy, Martin (2003): Paris – aktuelle Entwicklungstendenzen und Ansätze der Stadterneuerung in einer europäischen Megastadt. In: Petermanns Geographische Mitteilungen Bd. 147, Heft 4, S. 60-69.

Wohnvororte, Banlieue Residentielle. Die Gemeinden mit höherem Arbeiteranteil befinden sich traditionell bedingt im Nordosten der Metropolregion, in den Industrievororten. Diese Vororte werden auch Banlieue Industrielle oder wegen ihrer politischen Neigung oft auch Banlieue rouge genannt.[16]

2.4 Kriminalität

In der Kriminalitätsstatistik sind die Banlieues im landesweiten Durchschnitt nicht über ähnlich dicht besiedelte Gebiete herausragend. Berechnet auf je 1 000 Einwohner hat die Stadt Paris 25.6, die Banlieue La Courneuve nur 10.8 Einbrüche verzeichnet. In der Kriminalitätsstatistik dieser Banlieue findet man vorwiegend Schlägereien, Diebstahl oder Drogenhandel. Autos werden in Brand gesetzt, Briefkasten demoliert oder andere Sachschäden begangen. Waffengewalt gibt es kaum. In einem gewöhnlichen Jahr gibt es nicht einen Mord in der Banlieue und dennoch ist die Banlieue La Courneuve als „No-Go Area" bekannt. [17]

2.5 Phänomen Kollektiv

Trotz oder gerade wegen ihrer ethnischen Heterogenität ist in den Cités – ganz im Gegensatz zu den amerikanischen Gettos aus dem Black Belt – keine anhaltende und auffällige ethnische Spannung in Erscheinung getreten. Auch eine Verdopplung des Immigrantenanteils an der Wohnbevölkerung, wie in La Courneuve (Anstieg auf 25 %) zwischen 1968 und 1990 geschehen, änderte dies nicht.

Ein Grund hierfür ist, wie oben bereits erwähnt, die ethnische Heterogenität der Banlieue, in denen französische Staatsbürger oftmals die Mehrheit bilden gefolgt von einer Anzahl zahlreicher Nationalitäten. Die vorherrschende Segmentierung in den Banlieues ist im Gegensatz zu den Gettos keine ethnische sondern eine soziale.

Auch der Anstieg der maghrebinischen Immigranten in den 1960er und 1970er änderte nichts daran. Die Zuwanderer stammten aus den unterschiedlichsten Ethnizitäten, so dass aufgrund der Verschiedenheit ihrer Nationalitäten, Religionen und politischen Ansichten lediglich eine „weiche" Kollektivierung stattfand und folglich heftige ethnische Spannungen ausblieben: die Adaption an Kultur- und Verhaltensmuster der Franzosen war enorm (Statistiken der INSEE[18]

---

16   Burdack, Joachim (2004): Die Ville de Lumières und ihre Schatten. Wirschafts- und sozialräumliche Differenzierungen in der Pariser Metropolregion. In: Geographische Rundschau Band 56, Heft 4, S. 32-39.

17 URO 199 ff

18   INSEE: Institut National de la Statistique et des Études Économiques: Das französische Amt für Statistik

und INED[19] zeigen, dass sich das Profil der Immigranten und ihrer Nachfahren bezüglich demografischer Schlüsselwerte mittlerweile dem der Franzosen immer mehr nähert.).[20]

2.6 Amerikanisierung der Banlieue?

Die Befürchtung, dass sich die Banlieues ähnlich den amerikanischen Marginalsiedlungen entwickeln, herrscht bereits länger vor. So titelte bereits im Mai 1990 das Magazin L'Événement du jeudi in Zusammenhang mit den Banlieues: „Getto Geschichten". Der häufig vorkommende Vergleich von Gettos und Banlieues führte zu einer weiteren Stigmatisierung. Medien, Politiker, aber auch Wissenschaftler haben schon von einer Gettoisierung der Banlieues gesprochen. Zwar haben beide Distrikte sicherlich gemeinsam, '[...]that they are enclaves with high concentrations of `minorities` [...]'[21] und dass beide Distrikte ähnlich von der Deindustrialisierung und bis dato von Arbeitslosigkeit, Anstieg der Niedriglöhner, Armut und sozialer Ausgrenzung betroffen sind, fest steht jedoch, dass die urbanen Räume Getto und Banlieue sich unterschiedlich entwickelt haben.

Ein Vergleich der beiden urbanen Peripheriedistrikte ist nicht einfach. Allein der demografische Vergleich zeigt die Schwierigkeit einer Gegenüberstellung. So leben in manchen amerikanischen Gettos bis zu 1 000 000 Einwohner. In Chicago bringt es ein Black Belt Getto auf lediglich 300 000 Einwohner; in diesen Gettos ist die afroamerikanische Bevölkerung segregiert. Mit der Banlieue von La Courneuve (37 000 Einw.) ist dies keineswegs vergleichbar. Hinzu kommt, dass sie nicht ausschließlich der ethnisch segmentierten Bevölkerung bestimmt ist.[22]

Auch in der Kriminalitätsrate und in der Art wie sich diese ausdrückt, bleibt die Banlieue weit hinter dem Getto zurück. Anders wie in der Banlieue werden dort jährlich Drogen in Millionenhöhe umgesetzt. In der Kriminalitätsstatistik finden sich Mord, Waffengewalt oder harter Drogenhandel mit bspw. Heroin oder Crack. Vandalismus oder Alkoholismus mit dem Jugendliche auf der Straße konfrontiert werden, sind da die kleineren Übel.[23]

Selbst staatliche Einrichtungen und Organisationen wie Vereine oder andere gemeinnützige Institutionen in den Banlieues, die versuchen ein soziales Netz und somit eine gewisse soziale

---

19   INED: Institut National d´études démographiques: Das französische Amt für Bevölkerungsforschung

20   Wacquant, Loïc (2008): Urban Outcasts. A Comparative Sociology of Advanced Marginality. Cambridge S.190-196

21   Ebd. S.145.

22   Ebd. S.150ff.

23   Wacquant, Loïc (2008): Urban Outcasts. A Comparative Sociology of Advanced Marginality. Cambridge.204ff.

Sicherheit zu erreichen, existieren in den Gettos in dieser Art nicht. So sind Wohneinheiten der Cités zumeist staatlich reguliert und folglich in Diskurse über Wohnsituation oder ähnlichem eingebunden, während in amerikanischen Gettos Wohneinheiten privatisiert wurden und somit sich selbst überlassen blieben.[24]

Der Dissimilaritätsindex[25] der meist segregierten Wohnungseinheiten in Europa erreicht gerade 40 % (Ethnizität); im Vergleich dazu lag der Dissimilaritätsindex für die 30 größten Städte der USA 1980 bezüglich der Trennung der afroamerikanischen von der weißen Bevölkerung bei 75 %, die hispanoamerikanische war zu 49 % von der weißen Bevölkerung segregiert.

Die ethnisch vielfältige Banlieue bringt die unterschiedlichsten Menschen zusammen. Im Frankreich spricht man im Zusammenhang von den Banlieue-Bewohnern auch gern von den drei Bs: black, blanc, bleur. Damit sind Westafrikaner, Europäer, und Personen maghrebinischer Abstammung gemeint. Tatsächlich findet man in den Pariser Vororten aber eine bunt durch gemischte Gesellschaft vor: Es ist nicht ungewöhnlich, wenn sich in einer Banlieue fünfzehn bis vierzig Nationalitäten niedergelassen haben.

Auch das prozentuale Verhältnis hinsichtlich der französischen Staatsbürger zu den Immigranten spricht für eine multikulturelle Banlieue. Tatsächlich wohnen in der Banlieue – wie oft von den Medien suggeriert – nicht nur ausländische Familien. Es sind dort nicht nur Immigranten ansässig. Im Gegenteil: In den Sozialwohnungen der eher berühmt-berüchtigten Banlieues, La Courneuve, sind fast 80 % der Bewohner französische Staatsbürger. Von dieser multikulturellen Heterogenität der Banlieues sind die amerikanischen Gettos, in denen oft ethnische Homogenität vorherrscht, weit entfernt.

Das Getto und die Banlieue sind und bleiben zwei scharf abzugrenzende urbane Räume, die sich aus unterschiedlichen historischen und kulturellen Bedingungen entwickelt haben, was schließlich dazu führte, dass sich Prozesse und Folgen urbaner Veränderungen in vielerlei Gestalt zeigen. Wenn man berücksichtigt, dass demografische Zusammensetzung, politische Richtlinien und historische Entwicklung in beiden Räumen in unterschiedlicher Art und Form auftreten (was durch Analysen der Wirtschaft, Raumstruktur und sozialer Integration

---

24 Ebd. S.223ff.

25 Der Index gibt prozentual den Wert einer Wohnbevölkerung an, welcher seinen Wohnplatz wechseln müsste, um eine einheitliche Umverteilung der unterschiedlichsten Bevölkerungsgruppen (bspw. ethnische Zugehörigkeit, Sozialstatus, Alter) in einer Stadt zu erreichen. 100 % käme einer absoluten Segregation gleich.

nachgewiesen wurde), lässt sich feststellen, dass es zu keiner Gettoisierung bzw. Amerikanisierung der Banlieues kommt.[26]

3 Marginalisierung

Marginalisierung bedeutet, dass Bevölkerungsschichten an den Rand der Gesellschaft gedrängt werden. Die Banlieues insbesondere die Cités, die Großwohnsiedlungen mit 4000 – 6000 Wohneinheiten, betrachtet man als Marginalsiedlungen, was so viel bedeutet, dass die dortigen Bewohner aufgrund der Existenzbedingungen weniger am gesellschaftlichen und wirtschaftlichen Leben teilhaben können. Kennzeichnend für eine Siedlung dieser Art sind verschiedene Faktoren: vorherrschend sind zunehmende soziale Polarisierungen, die begleitet sind von Wohnsegregationen, also der räumlichen Trennung von betroffenen Wohnvierteln.[27] Laut Mertins ist marginal:

> „[...] einerseits im bausubstantiellen und im räumlichen Sinne zu verstehen, als randstädtische, minderwertige Siedlungsflächen, wobei dieser Begriff stets die sozio-ökonomische Situation mit einbezieht. [...] 'Marginal' bezieht sich andererseits aber auch auf die unzureichende, eben marginale Beteiligung der Bevökerung dieser Siedlungen an politischen und ökonomischen Entscheidungen. [...] Darüber hinaus ist der Begriff 'marginal' ein Kennzeichen für Unterprivilegierung, allzu häufig auch für Diskriminierung im soziokulturellen Bereich. "[28]

Marginalisierungseffekte und -ursachen treten in unterschiedlicher Art und Form auf. Im Folgenden sollen einige Prozesse und Aspekte der Marginalisierung erläutert werden.

3.1 Segregation

Segregation, die Trennung bestimmter Bevölkerungsschichten, setzt meist dann ein, wenn eine soziale Polarisation vorherrscht. Eine räumliche Segregation der banlieues lässt sich nach der Funktion Arbeit feststellen. Die Vororte sind von Dezentralisierungsmaßnahmen und Sektorenwandel betroffen. Der Tertiärisierungsgrad der Region liegt bei ungefähr 85 %, dabei hat der westlich der Kernstadt gelegene Stadtteil wesentlich profitiert: hier befindet sich La

---

26   Wacquant, Loïc (2008): Urban Outcasts. A Comparative Sociology of Advanced Marginality. Cambridge. S.230f.

27   Heineberg, Heinz (2006): Stadtgeographie.Paderborn. S.51.

28   Mertins, Günter (1984): Marginalsiedlungen in Großstädten der dritten Welt. In: GR 36 H.9 S.435.

Défense mit ca. 3 Millionen m² Bürofläche. Die banlieue rouge sind folglich ein räumlich segregierter Distrikt, in dem vorwiegend Arbeiterviertel vorhanden sind.[29] Die einkommensschwachen Banlieues sind von überdurchschnittlichen Arbeitslosenquoten betroffen. Darüber hinaus liegt das Einkommensniveau im altindustrialisierten Norden und Nordosten unter dem regionalen Durchschnitt.[30] Wacquant zufolge charakterisiere sich die Banlieue durch ihre ethnische Heterogenität (s.2.5.) und es gäbe keine spezifisch ethnisch zugeordnete Banlieue. Coy jedoch meint, dass die räumliche Verteilung unausgewogen sei und dies die Segregationsmuster verstärke. Zudem ergebe sich durch die räumliche Konzentration „[...] eine Tendenz zur Entstehung ethnisch segregierter Viertel".[31] Segregationsprozesse der Pariser Metropolregion entstanden aus historischen Entwicklungen heraus. Die sozioräumlichen Segregationen, die in Form von Ethnizität, Einkommen, Arbeitslosigkeit, Armut oder Alter auftreten, entstehen aus sozialer Polarisierung und führen zu marginalisierten Vorurteilen, Geringschätzung oder Ablehnung.[32]

3.2 Soziale Exklusion und Reaktionen

Urbane Distrikte, die negativ von sozioräumlicher Segregation betroffen sind, leiden oft unter den Folgen der sozialen Exklusion. Exklusion ist ein „Prozess, durch den bestimmte Personen an den Rand der Gesellschaft gedrängt und durch ihre Armut bzw. wegen unzureichender Grundfertigkeiten oder fehlender Angebote für lebenslanges Lernen oder aber infolge von Diskriminierung an der vollwertigen Teilhabe gehindert werden"[33] Die Ebenen der Exklusion sind vielfältig wie unerwünscht. Sie trifft vor allem die Jugendlichen der Banlieue. Schon allein die Ausschließung vom Arbeitsmarkt bzw. die abwärts führende Spirale des Prekariats birgt existenzielle Gefahren, hinzu kommen Ausschluss von sozialen Aktivitäten, die zeitgleich die Lebensqualität mindern. 2002 lag das jährliche Durchschnittseinkommen der Banlieue – Bewohner bei rund 10.000 Euro, was die Hälfte des nationalen Durchschnitts beträgt: systematisch wird man von Konsum oder Kultur ferngehalten. Als Reaktion auf die ersten Exklusionsdebatten und um einen existenziellen Lebensstandard zu gewährleisten, führte der Staat schließlich 1988 die RMI (Revenu

---

29   Coy, Martin (2003): Paris – aktuelle Entwicklungstendenzen und Ansätze der Stadterneuerung in einer europäischen Megastadt. In: Petermanns Geographische Mitteilungen Bd. 147, Heft 4, S. 63.

30   Ebd. S.64.

31   Ebd. S.64.

32   Gaebe, Wolf (2004): Urbane Räume. Stuttgart. S.134f.

33   EU Kommission (2004): Sozialberichterstattung. S.12.

minimum d´insertion – die Sozialhilfe) ein.[34] Weitere Exklusion erfahren die Jugendlichen der Banlieue durch das Schul- und Bildungssystem. Die Statistik belegt, dass Schüler aus der Banlieue häufiger eine oder mehrere Klassen wiederholen, höhere Leistungsdefizite aufweisen und im Vergleich mit anderen Quartieren oft die schlechteren Abschlüsse besitzen. Weitere Studien zeigen, dass ein éffet établissement existiert, das bedeutet, es gibt schulspezifische Effekte, die eigentlich unerwünscht sind, in etwa wie das Anpreisen einiger Schulen von besonderen Lehrangeboten, um einkommensstärkere Familien anzusprechen, so dass homogene Niveauklassen mit der Tendenz zur Segregation entstehen. Dass die Banlieue – Jugendliche derart negative Leistungen abliefern, bedeutet nicht sie wären unfähig. Viele haben einfach nur aufgrund der hoffnungslosen und auswegslosen Perspektivlosigkeit resigniert: die Aussicht auf einen Arbeitsplatz ist ungewiss und selbst gute Abschlüsse waren schwer vermittelbar.[35]

Diese Abgrenzungen und Ausschließungen führen zu Unmut, Unzufriedenheit und schließlich zu urplötzlich ausbrechenden Unruhen. Der Staat hat mittlerweile auf die vorhandenen Exklusionen reagiert und mehrere integrative Richtlinien erlassen. Obwohl das Gleichheitsprinzip der Französischen Republik keine individuelle Förderung duldet, haben sich aufgrund der Schulmissstände die ZEP, zones èducation prioritaire, heraus gebildet. Dies sind rund 500 Schulen, die in Form von mehr Lehrerpersonal, kleinere Klassen und Hausaufgabenhilfe gefördert werden. Zusätzlich gibt es für die Problem – Banlieues Freizeitmaßnahmen in den Sommermonaten, Opération Été chaud, mit Ausflügen ans Meer oder anderen Freizeitprogrammen. Das Arbeitsministerium entwickelte die Emplois Jeunes. Das sind oftmals Beschäftigungen im öffentlichen Dienst, welche alters- und nicht schichtspezifisch sind. Als weitere Reaktion ist das zügige Verabschieden des EU – Antidiskriminerungsgesetzes gewesen, so dass Diskriminierung in Frankreich mittlerweile juristisch anfechtbar ist. Unternehmen mit mehr als 50 Mitarbeiter sind nun gezwungen, bei einem Bewerbungsverfahren Name, Alter, soziale und ethnische Herkunft sowie die Adresse unkenntlich zu machen. Auch Fotos dürfen nicht mehr beigelegt werden.[36]

Die Situation der Banlieues ist durch einen lack of integration gekennzeichnet. Die politische

---

34 Ottersbach, Markus (2009): Die Jugendunruhen in den *Banlieues* als Herausforderung für die französische Integrationspolitik. In: Lokale Integrationspolitik in der Einwanderungsgesellschaft. Migration und Integration als Herausforderung von Kommunen. Wiesbaden, S. 638.

35 Ottersbach, Markus (2009): Die Jugendunruhen in den *Banlieues* als Herausforderung für die französische Integrationspolitik. In: Lokale Integrationspolitik in der Einwanderungsgesellschaft. Migration und Integration als Herausforderung von Kommunen. Wiesbaden, S. 637f.

36 Ebd. S.643-647.

Inklusion wird in Frankreich zwar durch das Jus Soli ermöglicht: Dies erlaubt bspw. für Kinder von Ausländern den Erhalt der Staatsbürgerschaft durch Geburt oder Volljährigkeit. Zusätzlich zielt das republikanische Modell, das jeden Bürger als Individuum betrachtet, „[...] auf Inklusion aller Bürger/-innen."[37] ab. Jedoch geriet das Modell immer wieder in Kritik, weil es farbenblind sei und Probleme spezifischer Gruppen bzw. Bevölkerungsschichten nicht berücksichtige.

Weitere Reaktionen, die darauf zielten, eine stärkere Einbindung der Banlieue – Bewohner zu erreichen, waren die Schaffung intermediärer Instanzen zwischen Staat und Bürger, also Vereine, Organisationen oder andere Einrichtungen. Es wurden z.B. Mission locales oder Associations intermédiaires (AI), Einrichtungen für Arbeitsvermittlungen oder Beschäftigungsvereine, mit der Absicht gegründet, eine bessere Integration auf dem Arbeitsmarkt zu erreichen. Die AI sollen die Anteilnahme am gesellschaftlichen Leben ermöglichen, dem Rückzug der Bewohner ins Private vorbeugen und soziale Inklusion gewährleisten.[38]

Die Einrichtungen der intermediären Instanzen stehen aber auch oft unter Kritik. Zwar können die Vereine als Kontakt- und Sprachrohr dienen, sowie Kontroll- und Erziehungsinstrument des Staates sein und bei hoher Aktivität zur Verbesserung des Images eines quartiers beitragen. Jedoch sind diese Institutionen oft dem gegenseitigen Wettkampf um Subventionen ausgesetzt. Darüber hinaus weisen Studien darauf hin, dass die Beteiligung seitens der Bevölkerung mit Migrationshintergrund nicht besonders groß ist und eine Inklusion daher eher den etablierten Kreisen vorbehalten. Auch hat sich gezeigt, dass es zur Bildung von ethnisch homogenen Vereinen kommt oder aber die Organisationen aufgrund individueller Anliegen gegeneinander in Konflikt geraten.[39]

3.3 Territoriale Stigmatisierung

Eine Marginalisierung beginnt schon mit der Bildung eines negativen Images eines Stadtviertels. Und gerade das öffentliche Bild einiger Banlieues ist durch die jahrelang wieder kehrenden Unruhen schwer beschädigt. Vor allem die Cités assoziiert man inzwischen mit Verarmung, Immigranten und Unsicherheit. In einer Banlieue des Red Belt zu wohnen,

---

37 Ebd. S. 636f.

38 Ottersbach, Markus (2009): Die Jugendunruhen in den *Banlieues* als Herausforderung für die französische Integrationspolitik. In: Lokale Integrationspolitik in der Einwanderungsgesellschaft. Migration und Integration als Herausforderung von Kommunen. Wiesbaden,. S. 649ff.

39 Ebd. S. 649ff.

kommt einer Brandmarkung gleich: einer territorialen Stigmatisierung. Cité, das ist moralische Verarmung, Armut und Gewalt. Wie die Medien und teilweise die Politik den Vandalismus einiger Banlieues präsentierten, entstanden schnell Pauschalisierungen auf alle Bewohner der Banlieue. Diese Stigmatisierung hat Einfluss auf alle Lebensbereiche: bei Arbeitssuche, Umgang mit Ämtern und Behörden oder andere soziale Kontakte. Für die Bewohner aus den Cités, selbst für gut ausgebildete Jugendliche, waren die Chancen, eine angemessene Arbeitsstelle zu finden, gering. Allein die Absenderadresse, die auf der Bewerbung stand, schreckte Arbeitgeber ab. Auch mit voreingenommenem Kontakt auf öffentlichen Ämtern oder gar mit der Polizei musste man rechnen.[40]

Der prozentuale Anteil der Jugendlichen in der Bevölkerungsverteilung von Großwohnanlagen wie der Quatre Mille ist oft sehr hoch, daher sind gerade sie durch die gesellschaftliche Stigmatisierung stark betroffen. Mancherorts gelten die Jugendlichen als Ursache für die schlechten Zustände und den üblen Ruf der Banlieues. Les jeunes wiederum erfahren diese Stigmatisierung auf unterschiedlicher Weise. Sie fühlen sich gesellschaftlich diskriminiert, von Politikern und Behörden vernachlässigt und von der Polizei schnell verdächtigt.[41]

Die Stigmatisierung führt zu Prozessen auch auf Seiten der Cité – Bewohner. Die Bewohner fühlen sich polarisiert zum Pariser Stadtkern und es entstehen Vergleiche wie cité/city oder verroht/kultiviert. Hieraus bildet sich ein Art von Kollektivismus der Banlieusards: wir – die cité und ihr – die city. Diese Kollektivbildung der Banlieusards kann in unterschiedlichen Erscheinungsformen auftreten: in Wutentladungen, wie bei den Unruhen geschehen oder aber auch in der Form einer gemeinsamen Sprache: Wörter wie „beurs" oder „mec" sind mittlerweile fester Bestandteil der französischen Umgangssprache und entstammen aus der Verlan-Sprache[42], die als Ausdrucksmittel vieler Jugendlicher der Banlieues gilt.

3.4 Fortgeschrittene Marginalität

Aufgrund des oft in denselben urbanen Räumen auftretenden, chronischen Vorkommens sozialer Verarmung, öffentlicher Gewalt und Repression durch ökonomische Faktoren spricht

---

40 Wacquant, Loïc (2008): Urban Outcasts. Cambridge. S.169-198.

41 Ebd. S.188.

42 Verlan ist eine Spielsprache bei der die Silben umgestellt und umgekehrt werden. 'Young French, who identify themselves as marginaux, speak Verlan with the idealistic hopes of identifying with oppressed minorities' Lefkowitz, Natalie (1991): Talking backwards, looking forwards: the french language game Verlan. Tübingen. S.57.

Wacquant, L. bereits von einer *fortgeschrittenen Marginalität,* welche in den postfordistischen Metropolen Einzug gehalten hat und mittlerweile neue Methoden erfordert, um dieser entgegen zu wirken. [43]

Diese fortgeschritten Marginalität zeigt sich unter anderem in der Entwertung des Arbeitslohnes. Der Arbeitslohn ist mittlerweile entgegen früherer Zustände oft nicht mehr zur Lebenssicherung ausreichend. Zeitarbeitsverträge und Teilzeitjobs nehmen auf dem Arbeitsmarkt eine immer größere Stellung ein. Dies hat Vorteile für Unternehmen, die diese Arbeiter als Konjunkturpuffer oder als Ersatz für sozialversicherungspflichtige Langzeitarbeitnehmer verwenden können. Für den Arbeitnehmer verspricht der kurzfristig ausgelegte, flexible Arbeitsmarkt mit oftmals vorhandenen Dumpinglöhnen jedoch nachhaltig keine Besserung. Selbst staatliche Richtlinien wie Arbeitsbeschaffungsmaßnahmen oder Ein-Euro Jobs fördern weiterhin die *Entsozialisierung des Arbeitslohnes.* [44]

Auch die funktionelle Loslösung von makroökonomischen Effekten verursacht weitere Missstände in den urbanen Problemzonen. Gerade in westlich kapitalistischen Ländern war der Wohlstand in den betroffenen Distrikten selbst zu wirtschaftlich florierenden Zeiten rückläufig. Der Anstieg der Teilzeitjobs und Zeitarbeitsverträge in Frankreich von 1.9 Millionen (1990) auf 3.3 Millionen (1999) brachte eine verbesserte Beschäftigungsstatistik, jedoch stieg zugleich der Anteil der *zone urbaine sensible* – Bewohner, die in unsicheren Arbeitsverhältnissen stehen, von 13 % auf 20 %, was so weit führte, dass 60 % der Jugendlichen arbeitslos oder in kurzfristiger Beschäftigung waren. Diese Loslösung der Makroökonomie weg von den sozialen Bedürfnissen der urbanen Räume lässt die Marginalisierung weiterhin fortschreiten. [45]

Ein weiteres Merkmal der fortgeschrittenen Marginalisierung ist die territoriale Stigmatisierung und die räumliche Abgrenzung. Zu Beginn war die Cité ein gefragter Ort am Rande der Großstadt: man hatte fließend Wasser, Heizung und die neuen Anlagen vermittelten den Hauch von Urbanität. Heute wird sie seltener als Ort sondern als unangenehmer, abzugrenzender Raum wahrgenommen. Diese Entwicklung wird begleitet von der territorialen Stigmatisierung. Die Distrikte werden als Armutsviertel, No-Go Areas oder gesetzlose Zonen bezeichnet. [46] Begriffe wie malaise, racailles oder zonards kennzeichnen die Abgrenzung gegenüber marginalisierter Distrikte und legen eine soziale Zersplitterung der

---

43 Wacquant, Loïc (2008): Urban Outcasts. Cambridge. S.232ff.

44 Wacquant, Loïc (2008): Urban Outcasts. Cambridge. 234ff.

45 Ebd. S.236f.

46 Ebd. S.237ff.

Gesellschaft dar, die sich in unstimmige, gemeinnützige Organisationen, Distanzierung der Gesellschaft aber auch die Hilflosigkeit links orientierter Regierungen zeigt.[47]

Der Rückgang des sozialen Netzwerkes in Form von beständiger Beschäftigung und gesellschaftlicher Integration ist ein weiteres Kennzeichen der progressiven Marginalisierung. Arbeitslosigkeit und Niedriglohnbeschäftigung verbreiten sich weiter, wovor nicht nur Vereinzelte betroffen sind, sondern ganze Familien. Dies führt dazu, dass das soziale Netzwerk strapaziert wird, zur Lebenssicherung Schattenwirtschaft und andere illegale Beschäftigungen ausgeführt werden und dass kriminelle Taten begangen werden. Diese und andere Missstände führen so weit, dass sich das Prekariat, die Zunahme der Arbeitsplätze mit geringerer Arbeitsplatzsicherheit und niedrigem Lohn, in den Problemzonen immer weiter verbreitet. Die geleistete Arbeit wird so entwertet: Menschen verzichten bei Anstellungen auf Sozialleistungen oder anderen Zulagen oder leisten unbezahlte Überstunden, nur um in eine Beschäftigung zu gelangen.[48]

4 Die Cité: Les Quatre mille

La Courneuve erstreckt sich auf einer Fläche von etwa 750 ha und ist ein nordöstlich von Paris im Departement Seine-Saint-Denis gelegener Vorort mit rund 37 000 Einwohner; der Ausländeranteil beträgt rund 1/5 der Wohnbevölkerung. Die Banlieue zählt zu den traditionellen Vororten der Arbeiterklasse, dem Red Belt, und wird seit dem 2.Weltkrieg von links gerichteten Parteien regiert. Die in dem Vorort sich befindende Cité Les Quatre mille, eine große Anlage von Sozialwohnungen, machte die Banlieue berühmt berüchtigt. Les Quatre mille, benannt nach den ursprünglich vorhandenen 4100 Wohneinheiten, besteht aus 36 Großwohnanlagen mit insgesamt 3667 Wohneinheiten. Die „Hauptgebäude" sind mächtige, vierzehn- bis sechzehnstöckige und rund 180 m lange Betonklötze, die nach verschiedenen Wissenschaftlern und Künstler (Curie, Renoir) benannt wurden. Gebaut wurde die Cité, die für 17 500 Menschen angelegt war, zwischen 1957 und 1964. Mit dem Bau sollte die durch die Nachkriegszeit entstandene Wohnungsknappheit gemildert werden. Über zwei Dekaden lang verblieb die Einrichtung unter Pariser Verwaltungshoheit, die dazu genutzt wurde, weiterhin sozial schwach Gestellte in die Wohnungen zu vermitteln. Dazu kam, dass durch Deindustrialisierungsmaßnahmen in der vormals industrialisierten Landschaft von La Courneuve zwischen 1968 und 1984 von 18 000 Arbeitsplätzen rund 10 000 Arbeitsplätze

---

47 Ebd. S.241ff.

48 Wacquant, Loïc (2008): Urban Outcasts. Cambridge. S.243ff.

verloren gingen. Dies führte so weit, dass der Vorort La Courneuve 1986 eine Arbeitslosenquote von 30 % aufwies und folglich 1990 fast 500 Wohneinheiten der Cité leer standen.[49]

Anfangs war man mit dem Bau der Großwohnanlage zufrieden und sie war auch sehr gefragt. Das war in den 1970er. Aber schon Anfang der 1980er litt die vormalige Industrielandschaft unter dem aufkommenden Postfordismus: Wegzüge der Mittelklasse und steigender Arbeitslosigkeit setzten ein. Der Wegfall der finanziellen Kaufkraft hatte auch Auswirkungen auf die örtlichen ökologischen Einrichtungen: das Einkaufszentrum reduzierte sich von ehemals 27 Verkaufsläden auf siebzehn übrig gebliebene.[50]

Öffentliche Einrichtungen und Organisationen waren in La Courneuve zahlreich vorhanden. In der Cité Quatre mille befinden sich zehn öffentliche Kindergärten und dreizehn Grundschulen. Zusätzlich gibt es in La Courneuve noch sechs weiter führende Schulen. Es gibt medizinische Versorgungs- und Wohlfahrtseinrichtungen, eine öffentliche Bibliothek, ein Veranstaltungsgebäude, ein Theaterhaus, ein Jugendzentrum und einige abendfüllende Freizeiteinrichtungen. Auch eine Synagoge sowie eine katholische und protestantische Kirche sind vorhanden. Jedoch gibt es kein Kino mehr und auch die Sport- und Freizeitangebote für Jugendliche sind nicht ausreichend, wenn man berücksichtigt, dass nahezu die Hälfte der Cité – Bewohner unter 20 Jahre jung sind.[51]

Die hohe Anzahl der Einrichtungen und Organisationen wurde aber auch infrage gestellt. Viele beklagen, dass die Einrichtungen eher auf die Mittelklasse zugeschnitten wären, dass die politischen Beschlüsse, die sie umsetzen, unwirksam oder unnötig sind oder dass die Organisationen sich gegenseitig behindern würden. Entgegen der Frustration gegen die Einrichtungen erwartet die Bewohner jedoch weiterhin staatliche Programme, öffentliche Hilfe und Gewaltprävention.[52]

---

49 Ebd. S.137ff.

50 Ebd. S.216ff.

51 Wacquant, Loïc (2008): Urban Outcasts. Cambridge. S.214ff.

52 Ebd. S.218f.

5 Politique de la Ville

Der Staat hat auf die auftretende Massenarbeitslosigkeit und die gesellschaftlichen Probleme, die aufgrund des französischen Integrationsmodells und durch das Égalité-Prinzip entstanden sind, reagiert, indem man bevorzugt Quartiere nach Statistikkriterien förderte. Folglich sind die mit Marginalisierung einhergehenden Arbeiterviertel besonders gefördert. Hervor gerufen wurden die politischen Richtlinien, die Politique de la Ville, durch die Unruhen im Juli 1981 (entstanden durch den Tod von Autodieben bei einer Polizeiverfolgung). Finanzielle Mittel der Politique de la Ville sollten auf die Marginalisierungsprozesse in den Problemdistrikten eingehen. Maßnahmen waren unter anderem: Die Anteilnahme der Bewohner fördern, soziale Inklusion durch Vereinsgründungen gewährleisten und bauliche Maßnahme zur Verbesserung der Wohnsituation bereit stellen. Darüber hinaus wurden durch administrative Dezentralisierungsgesetze (Acte I und Acte II) den Départements mehr Autonomie zugesprochen und Änderungen an der Schulpolitik vorgenommen. Die Richtlinien der Politique de la Ville stehen jedoch in der Kritik, da nach langjährigen

Maßnahmen keine markanten Verbesserungen in den bereits marginalisierten Gebieten auffällig ist.[53]

Aktuelle Entwicklungen sind die Entstehung des Ministeriums für Beschäftigung, Arbeit und sozialem Zusammenhalt, Ministère de l´Emloi, du Travail et de la Cohésion sociale (2002). Die Behörde ist verantwortlich für die Organisation der Stadtpolitik. 2005 wurde ein Plan des sozialen Zusammenhalts verabschiedet und 2007 begann die Gründung von städtischen Verträgen zur Förderung des sozialen Zusammenhalts, Contrats urbains de Cohésion sociale. Letzteres zielt auf eine gesellschaftliche Inklusion durch Förderung von Arbeit, Wohnen und Chancengleichheit ab. Der Plan beinhaltet Richtlinien wie Maßnahmen für Sozialwohnungsbau, gegen Jugendarbeitslosigkeit, eine architektonische Aufbesserung degradierter Distrikte und eine gezielte Förderung von Schulen in Quartieren mit marginalisierenden Prozessen.[54]

---

53 Ottersbach, Markus (2009): Die Jugendunruhen in den *Banlieues* als Herausforderung für die französische Integrationspolitik. In: Lokale Integrationspolitik in der Einwanderungsgesellschaft. Migration und Integration als Herausforderung von Kommunen. Wiesbaden, S. 642.

54 Ottersbach, Markus (2009): Die Jugendunruhen in den *Banlieues* als Herausforderung für die französische Integrationspolitik. In: Lokale Integrationspolitik in der Einwanderungsgesellschaft. Migration und Integration als Herausforderung von Kommunen. Wiesbaden, S. 643.

6 Fazit

Effektive, marginalisierungshemmende Maßnahmen zur Verringerung der Segregation und Exklusion, wurden noch nicht gefunden. Sicherlich lassen sich verbesserte Richtlinien für Schulpolitik, den Arbeitsmarkt oder sonstige integrationspolitische Maßnahmen feststellen. Sie sind aber bis heute nicht ausgereift und laufen noch in Probephasen oder teilweise ist deren Entwicklung noch offen. Dass Stadtplanung auch besser funktionieren kann, hat man durch den Bau der fünf Villes Nouvelles erfahren.[55] Diese Mitte der 1970er im Grande Couronne neu errichteten Stadtteile sind nicht in derartigem Maße von Marginalisierungen betroffen wie die Banlieues.

Wichtig für die zukünftige Entwicklung der banlieues ist die Vernetzung und Partizipation, darüber hinaus müssen weiter administrative Dezentralisierungsmaßnahmen ergriffen werden, die den Kommunen mehr Eigenständigkeit und Handlungsspielräume geben und so bessere Bedingungen geschaffen werden, um auf die existenziellen Bedürfnisse der banlieue einzugehen.[56]

---

55   Falkenberg, Georg (1987): Die 5 Villes Nouvelles im Raum Paris. In: Geographische Rundschau Band 39, Heft 12, S. 682-687.

56   Ottersbach, Markus (2009): Die Jugendunruhen in den *Banlieues* als Herausforderung für die französische Integrationspolitik. In: Lokale Integrationspolitik in der Einwanderungsgesellschaft. Migration und Integration als Herausforderung von Kommunen. Wiesbaden, S. 651ff.

Quellen

- Brockhaus Enzyklopädie in 20 Bänden (1967): Band 2. Wiesbaden.

- Burdack, Joachim (2004): Die Ville de Lumières und ihre Schatten. Wirschafts- und sozialräumliche Differenzierungen in der Pariser Metropolregion. In: Geographische Rundschau Band 56, Heft 4, S. 32-39.

- Cohen, Stanley (1973). Folk Devils and Moral Panics. St Albans.

- Coy, Martin (2003): Paris – aktuelle Entwicklungstendenzen und Ansätze der Stadterneuerung in einer europäischen Megastadt. In: Petermanns Geographische Mitteilungen Bd. 147, Heft 4, S. 60-69.

- Daus, Ronald (2002): Banlieue. Freiräume in europäischen und aussereuropäischen Grossstädten. Europa: Paris, Berlin, Barcelona. Berlin.

- Falkenberg, Georg (1987): Die 5 Villes Nouvelles im Raum Paris. In: Geographische Rundschau Band 39, Heft 12, S. 682-687.

- Gaebe, Wolf (2004): Urbane Räume. Stuttgart.

- George, Pierre (1950): Êtudes sur la Banlieue Paris. Paris.

- Guiter-Hohl, Franziska (2008): Les quartiers sensibles: Probleme französischer Banlieues. In: Praxis Geographie Band 38, Heft 12, S. 24-28.

- Heineberg, Heinz (2006): Stadtgeographie.Paderborn.

- Heinrich-Böll-Stiftung (2007): Schriften zur Demokratie Bd. 3: Banlieue Europa. Jugendunruhen – Stadt – Migration. Berlin.

- Mertins, Günter (1984): Marginalsiedlungen in Großstädten der dritten Welt. In: GR 36 H.9 S. 434-442.

- Ottersbach, Markus (2009): Die Jugendunruhen in den *Banlieues* als Herausforderung für die französische Integrationspolitik. In: Lokale Integrationspolitik in der Einwanderungsgesellschaft. Migration und Integration als Herausforderung von Kommunen. Wiesbaden, S. 635-654.

- Ottersbach/Zitzmann (2007): Jugendliche im Abseits: Zur Situation in französischen und deutschen marginalisierten Stadtquartieren. Wiesbaden.

- Ronneberger, Klaus et al (1999): Die Stadt als Beute. Bonn

- Wacquant, Loïc (2008): Urban Outcasts. A Comparative Sociology of Advanced Marginality. Cambridge.

BEI GRIN MACHT SICH IHR WISSEN BEZAHLT

- Wir veröffentlichen Ihre Hausarbeit,
  Bachelor- und Masterarbeit

- Ihr eigenes eBook und Buch -
  weltweit in allen wichtigen Shops

- Verdienen Sie an jedem Verkauf

Jetzt bei www.GRIN.com hochladen und kostenlos publizieren